AF611500

Lb 44
1483

J. Lavergne

ALFRED BERTEZÈNE

BONAPARTE

(A bord du *Northumberland*)

PARIS
LIBRAIRIE DE *LA VOIX DE PARIS*
155, RUE MONTMARTRE, 155
1892

L⁴⁴b
433

Tous droits réservés

ALFRED BERTEZÈNE

BONAPARTE

(A bord du *Northumberland*)

PARIS
LIBRAIRIE DE *LA VOIX DE PARIS*
155, RUE MONTMARTRE, 155
1892

Tous droits réservés

8° Z
1483

L'Empereur abandonnant ses soldats dans les neiges de la Russie

BONAPARTE

I

I. — L'explosion de Quatre-Vingt-Neuf avait eu pour première cause l'amélioration matérielle du sort des masses et une plus égale répartition du bien-être. Ce but fut loin d'être atteint. Huit ans après la prise de la Bastille, malgré la chute de l'ancien régime et la vente des biens du clergé, en dépit des victoires éclatantes de nos armes, le déficit réapparaissait. Le gouvernement Directorial était sans autorité ; d'effrontés accapareurs mettaient le patrimoine national en coupe réglée. La Réaction relevait la tête ; les intérêts s'alarmaient ; et quand les intérêts s'alarment, progrès, aspirations généreuses, tout s'efface ; il n'y a plus qu'eux.

La France, en proie aux traitants et aux agioteurs, avait l'air d'une assemblée d'actionnaires attendant un gérant. Un homme nouveau, indépendant, vainqueur des royalistes au 13 Vendémiaire, illustré par sa belle conduite au pont d'Arcole, attaché par son intérêt même à soutenir l'état de choses sorti de la Révolution, Bonaparte se présenta. Acclamé, il profite de sa popularité pour chasser, le 18 Brumaire an VII (9 novembre 1799), la représentation nationale et saisir la Dictature.

II. — Tout d'abord avec lui, il faut le reconnaître, les premiers bienfaits de la Révolution sont consolidés.

Le Code civil les consacre. Les acquéreurs de biens nationaux sont rassurés. Malheureusement sa prodigieuse fortune éblouit le Premier Consul. Tournant le dos à la démocratie dont il était sorti, il parade au despote, installe aux Tuileries une véritable fabrique de comtes et de ducs, invente la Légion d'Honneur. Pauvre invention d'un esprit étroit! Il lui faut des chambellans, à cet ancien sous-lieutenant d'artillerie! L'abaissement est si général, qu'il en trouve, qu'il en refuse. Le pape Pie VII dut venir expressément de Rome pour couronner le nouvel autocrate. Le 2 décembre 1805, à Notre-Dame, le vicaire du Christ, après une triple onction sur la tête de Bonaparte, prononça, au milieu du sérieux général, les paroles suivantes : « Dieu tout-puissant, qui avez établi Hazaël pour gouverner la Syrie; qui avez répandu l'onction sainte des rois sur la tête de Saül et de David par le ministère du prophète Samuel, répandez par mes mains les trésors de vos grâces et de vos bénédictions sur votre serviteur Napoléon, que, malgré notre indignité personnelle, nous consacrons aujourd'hui empereur en votre nom! »

Je ne sais trop si Dieu, comme l'affirmait Pie VII, avait réellement établi Hazaël pour gouverner la Syrie; ce que j'affirme, c'est que les Sections de Paris et les Volontaires de 1792 n'avaient pas lutté pour en arriver à pareille terminaison. C'était aussi l'opinion du général Delmas. Comme Bonaparte lui demandait ce qu'il pensait de la cérémonie du sacre : « C'est une belle capucinade, répondit Delmas, à laquelle il ne manque que les deux millions d'hommes qui se sont fait tuer pour renverser ce que tu as rétabli. »

III. — Aussitôt couronné, le despote, à la tête de son Aristocratie, va courir les champs de bataille de l'Europe. « Les générations de la France, dit M. de Chateaubriand dans ses *Mémoires d'Outre-Tombe,* furent mises en coupe réglée ; le réformé, le remplacé étaient repris ; tel fils d'un pauvre artisan, racheté trois fois au prix de la petite fortune du père, était obligé de marcher. Des colonnes mobiles parcouraient les provinces comme un pays ennemi, pour enlever au peuple ses derniers enfants. »

La presse était muette, comme la tribune. L'imposture et le silence étaient les deux grands moyens employés pour tenir la France dans l'erreur. Vos enfants meurent sur le champ de bataille... On ne fait pas assez cas de vous pour vous dire ce qu'ils sont devenus. On vous tait les événements les plus importants. Les ennemis sont à Meaux : vous ne l'apprenez que par la fuite des gens de la campagne. On vous enveloppe de ténèbres ; on se joue de vos inquiétudes. Vous voulez élever la voix ? Un espion vous dénonce, un gendarme vous arrête, une commission militaire vous juge, un peloton vous exécute.

Les mauvais jours arrivent. La capitulation de Baylen porte le premier coup au colosse aux pieds d'argile. L'incendie de Moscou donne le signal du réveil des nationalités. Les Russes font le vide autour de la Grande-Armée. Napoléon, étonné qu'il fasse froid en plein hiver, dans les steppes hyperboréens, abandonne ses soldats au milieu des neiges et regagne en toute hâte les tièdes salons des Tuileries : « Il fait meilleur ici que sur les bords de la Bérésina », disait-il en se frottant les mains devant un feu flambant. Pas un mot de regret, pas une parole d'attendrissement pour les grenadiers qui tombaient là-bas, par milliers, du froid et de la faim.

Les courtisans disaient : « Ce qu'il y a d'heureux « dans cette retraite, c'est que l'Empereur n'a jamais « manqué de rien ; il a toujours été bien nourri, bien « enveloppé dans une bonne voiture. »

De retour à Paris, au milieu de sa cour, insouciant des désastres accumulés par son ambition, toujours triomphant et glorieux, paré d'un riche manteau, semé d'abeilles d'or, la tête couverte du chapeau à la Henri IV, il s'étalait brillant sur un trône, répétant les attitudes royales qu'on lui avait enseignées.

IV. — Et malgré les impôts écrasants, malgré les désastres, les campagnes vénéraient le despote. Bonaparte, devenu Napoléon, bénéficiait de toute la haine amassée contre l'ancien régime. Les agents de la dictature avaient accrédité dans les moindres hameaux l'idée que toutes ces guerres étaient pour défendre les bienfaits de Quatre-Vingt-Neuf, menacés par la contre-révolution. Les républicains regardaient Bonaparte comme leur ouvrage et le chef d'un Etat libre. L'illusion survécut à la retraite de Russie et à Waterloo même. Ce qui contribuait à égarer les esprits, c'est que les instruments dont l'Autocrate se servait étaient des instruments démocratiques. Ces admirables armées de la République, ces généraux sortis de la lutte gigantesque soutenue par la France révolutionnaire furent jetés habilement dans la mêlée. Les grenadiers de l'an II, les volontaires de Sambre-et-Meuse, les Kellermann, les Jourdan, les Masséna et les Augereau, entraînés par leur propre gloire, furent les derniers à s'apercevoir de la transformation qui s'accomplissait. Avec la plus grande sincérité, ils s'imaginaient combattre pour la patrie, quand ils ne combattaient plus que pour un tyran. Devenus des prétoriens, ils se croyaient encore des patriotes.

V. — L'Europe libérale et les Penseurs n'étaient pas dupes de cette illusion des Ney, des Augereau et autres jacobins à la Fouché, domestiqués par Bonaparte. Le mépris du droit des gens et du droit des peuples était flagrant. Les nations étrangères, qui, aux grands jours de Jemmapes et de Fleurus, avaient acclamé nos armées libératrices, se voyant maintenant foulées aux pieds par un autocrate de hasard, se ruèrent sur leurs armes pour l'indépendance. La chute de Bonaparte devint fatale à courte échéance. Il était isolé... Sans racines dans un pays auquel il avait pris son or et son sang, il ne représentait plus que lui-même. Il tomba en 1814.

Il fut définitivement vaincu le 18 juin 1815, à Waterloo. S'il ne l'eût été là, il l'aurait été ailleurs. Vingt victoires ne signifient rien, quand une seule défaite va vous perdre. Supposez Blücher arrivant trop tard au secours de Wellington : celui-ci était écrasé, et Napoléon une fois de plus victorieux. La défaite finale et fatale n'était que reculée; elle aurait eu un autre nom, voilà tout.

Etendons-nous un peu sur les Cent-Jours. Il en sort de terribles enseignements.

II

VI. — Jadis le vainqueur égorgeait le vaincu et buvait dans son crâne fumant. Ce n'était pas très humain, mais la guerre n'est pas une pastorale. On était sûr que le vaincu ne reviendrait pas.

Après la capitulation de Paris (31 mars 1814), au lieu de faire saisir Bonaparte à Fontainebleau, et de verser l'Ale ou l'Hydromel dans son crâne, les alliés, plus civilisés, et par égard pour l'empereur d'Autriche dont il était le gendre, se contentèrent de le reléguer à l'île d'Elbe, dans un climat délicieux, aux portes de la France. Il s'en échappa (on devait s'y attendre), débarqua le 1er mars 1815 au Golfe-Juan, prit la route de la montagne et fut acclamé, près de Grenoble, par le colonel La Bédoyère et son régiment.

Le maréchal Ney qui avait promis solennellement à Louis XVIII de lui ramener l'usurpateur *garrotté dans une cage de fer*, se jeta dans ses bras, à Auxerre.

Le Roi et la Cour se replièrent en toute hâte sur Lille. Le 20 mars 1815, Napoléon rentrait aux Tuileries.

Il crut que l'Europe fermerait l'œil sur la violation du pacte de 1814, et qu'on lui laisserait faire enfin le *bonheur* des Français. On ne le lui permit pas. A peine le débarquement du Golfe-Juan était-il connu, le czar Alexandre mobilisa sa garde; l'Autriche, l'Angleterre mirent leurs armées en route; quant à Blücher, il parlait de pendre haut et court l'aventurier s'il tombait entre ses mains. Le jour même de l'arrivée de Napoléon à Paris, les ambassadeurs des puissances demandèrent leurs passeports. Il écrivit aux souverains, *ses chers frères;* on ne lui répondit pas. Bientôt le Congrès de Vienne le déclare hors la loi, lui et son armée, « véritable bande de brigands qu'il faut exterminer ». La Vendée s'insurge.

L'enthousiasme factice de la première heure est tombé. Les révolutionnaires, contre lesquels Bonaparte a de tout temps sévi, lui offrent généreusement leur concours. Il le repousse : « Je ne veux pas, dit-il, être l'empereur *de la canaille* ».

Dans ces conditions, soutenu seulement par ses prétoriens, Bonaparte est perdu. Lui-même a le pressentiment de sa chute : « J'avais, a-t-il dit, l'instinct d'une issue malheureuse ».

C'est à ce moment, et non après Waterloo, qu'il aurait dû demander « à s'asseoir, comme Thémistocle, au foyer du peuple britannique ». On lui eût tenu compte de son effacement et pardonné son équipée.

Pourquoi a-t-il été quand même de l'avant, menant à la boucherie nos sublimes grenadiers, attirant sur la France de nouvelles et plus effroyables calamités? Pourquoi? Parce que cet homme était un égoïste sans scrupules, un froid ambitieux, et qu'il ne faut demander ni sentiments désintéressés, ni grandeur d'âme à ces sortes de personnages. Quand ils sont aux abois, comme le joueur effréné qui lance sur le tapis le dernier morceau de pain de ses enfants, ils n'hésitent pas à accumuler les désastres, et c'est une suprême jouissance pour eux de tout entraîner dans leur ruine.

VII. — Donc, le 15 juin 1815, Napoléon, avec 124,000 hommes, passe la frontière de Belgique. Le général Pajol et le prince Jérôme, par une brillante attaque, enlèvent le pont de Charleroi. L'armée française avait à ce moment les Prussiens de Blücher à droite; les Anglo-Hollandais de Wellington à gauche. Le 16 juin, Napoléon attaque Blücher à Ligny, pendant que Ney se porte sur les Quatre-Bras. Les deux batailles furent indécises. Blücher fut refoulé, non annihilé. Wellington se replia sur la route de Bruxelles, toujours, ne l'oublions pas, en communication avec Blücher, et liant son sort au sien.

Le 17, Napoléon détache Grouchy pour observer et contenir les Prussiens: lui-même, avec Ney, se met à la poursuite des Anglais. Ce jour-là, à deux heures de l'après-midi, un orage épouvantable éclata sur la Belgique, inondant les campagnes, effondrant les routes. Les troupes de toutes armes, au milieu de ce déluge qui transformait les champs en marécages, marchaient confondues dans un désordre inexprimable. Le tonnerre grondait encore, lorsque vers sept heures du soir, l'armée française arriva au pied du plateau de Mont-Saint-Jean, non loin du village de Waterloo. Une forte reconnaissance ayant été poussée sur l'ordre de l'Empereur, fut reçue par une bordée générale de coups de canon. L'armée anglaise entière était là, se couvrant de tous ses feux. Napoléon éprouva une vive satisfaction de savoir que Wellington s'était résolu à l'attendre. Il comptait écraser ce premier ennemi et en finir ensuite avec les Prussiens de Blücher.

Le coteau de Mont-Saint-Jean et la lisière de la forêt de Soignes s'illuminèrent bientôt de milliers de points brillants : l'armée anglaise établissait ses bivouacs; les soldats avaient coupé du bois, et devant d'immenses brasiers séchaient leurs habits, préparaient leurs armes, au milieu d'abondantes distributions de vivres. Les nôtres, au contraire, campés dans les sillons, dans la boue, sans feu, attendaient vainement les fourgons de l'intendance. Depuis l'entrée en campagne ils ne vivaient que de maraude. Au matin, ils reçurent pour toute la journée une ration d'eau-de-vie.

L'Empereur passa une partie de la nuit à étudier le terrain ; accompagné d'un jeune page, il explora les pentes de Mont-Saint-Jean, le ravin, un chemin creux venant d'Ohain. Il put se rendre compte combien était formidable la position de l'adversaire. Une ligne blanche précédant le jour apparaissait à l'horizon lointain, lorsque couvert de boue et harassé de fatigue il rentra à la ferme du Caillou où il dressa immédiatement son plan de bataille. Il se jeta ensuite sur un lit de camp, après avoir recommandé à son frère Jérôme de l'éveiller à six heures.

Vers le matin, la pluie cessa de tomber ; fanfares et clairons retentissent de tous côtés. Malgré le manque de vivres et l'intempérie du ciel, nos soldats vont prendre, pleins d'ardeur, les postes qui leur sont assignés.

Les forces en présence se balançaient : 72,000 Français contre 75,000 Anglais, Belges et Hanovriens. Les terres étant détrempées par l'orage, Drouot et les officiers d'artillerie furent d'avis d'attendre pour commencer l'attaque que le sol se fût un peu raffermi.

On s'observa donc en silence. A onze heures, l'impatience est générale. Les troupes demandent à marcher. Napoléon monte à cheval, et au milieu de cris frénétiques de « Vive l'Empereur ! », au son des musiques militaires, les tambours battant aux champs, parcourt au galop le front de bandière. A ce moment, le soleil brilla à travers les nuages. Ce n'était pas le soleil d'Austerlitz !...

Le bruit des acclamations et des fanfares de l'armée française arrive à lord Wellington adossé à un arbre en avant de la forêt. Une lunette à la main, il assiste à l'imposant spectacle de puissantes légions jurant de vaincre ou de mourir.

Le silence s'est fait, silence solennel qui plane toujours sur deux armées au moment de combattre. Napoléon a pris position à la ferme de la Belle-Alliance.

Ney, Soult, Jérôme, d'Erlon, Cambronne, Milhaud, Lobau, Drouot, Reille, Kellermann sont là à cheval, attentifs aux gestes du Maître. Celui-ci, après avoir, du haut d'un observatoire élevé pendant la nuit, promené ses regards sur l'immense champ de bataille tout étincelant de baïonnettes, et s'être assuré que chacun est à son poste, fait un signe. Aussitôt les aides-de-camp partent au galop. Les maréchaux regagnent leurs corps. Bientôt un frémissement général s'élève, car la fusillade crépite à l'extrême-gauche de l'armée française. Jérôme et Kellermann font une vigoureuse démonstration du côté de Braine-l'Alleud, contre le château de Goumont occupé par les Hanovriens.

Cependant que l'Empereur, réunissant une puissante batterie de 78 pièces, canonne le plateau de Mont-Saint-Jean, et lance Ney sur la Haye-Sainte, hameau au pied du coteau. Ce mouvement réussit d'abord. La grosse artillerie du maréchal fait d'affreux ravages dans les rangs anglais ; quelques soldats lâchent pied. Ney veut profiter de la panique qu'il découvre sur certains points de l'armée ennemie. Il enlève une partie de ses pièces pour les porter sur les positions mêmes de l'adversaire. Celui-ci, le feu cessant, raffermit ses lignes. Il y avait un ravin à traverser ; les lourdes pièces de la division Marcognet s'y engagent. Mais la pente opposée est rapide ; les roues enfoncent dans la boue jusqu'aux essieux. Les artilleurs jurent, tonnent, fouettent les chevaux ; les hommes poussent. On avance difficilement.

Des hauteurs du plateau, Wellington a vu notre embarras : il appelle à lui deux escadrons de dragons, leur fait une large distribution de *gin* et les lance à fond de train dans le vallon. Ils coupent les traits, tuent les chevaux, sabrent les artilleurs. Ils furent à leur tour chargés et sabrés jusqu'au dernier par les cuirassiers de Milhaud. Notre grosse artillerie n'en était pas moins hors de service.

Il allait être deux heures, quand du côté de la Chapelle-Saint-Lambert, à l'horizon, une ombre noire appelle l'attention de Napoléon et l'inquiète. Cette ombre se meut ; elle s'avance ! Le maréchal Soult et les officiers de l'Etat-Major dirigent leurs lunettes vers le point signalé par l'Empereur ; l'ombre est évidemment un corps d'armée en marche. Mais quelles peuvent être ces troupes dont, à cause de l'éloignement, il est impossible de distinguer l'uniforme ?...

Est-ce Grouchy se dirigeant vers l'Empereur ? Serait-ce Blücher venant se joindre à Wellington ?

Le général Bernard se dirige de toute la vitesse de son cheval vers Saint-Lambert. Arrivé à une certaine distance du corps suspect, il met pied à terre et reconnaît l'infanterie de Bulow.

Il revient en toute hâte annoncer cette grave nouvelle à l'Empereur. L'intervention imminente des forces prussiennes constitue un danger des plus redoutables. Ce danger grandit encore des rapports successifs qui arrivent : les patrouilles du général Domon sont revenues sans avoir aperçu Grouchy. Bientôt on reçoit une dépêche du maréchal lui-même : au lieu de quitter Gembloux au point du jour, il n'en est parti, retardé lui aussi par la pluie, qu'à neuf heures et demie du matin. Il avertit que Blücher est à Wavres, en communication avec Wellington.

Napoléon envisage toute l'étendue du péril. Un désastre s'annonce, il n'en peut douter. Alors, au lieu d'organiser la retraite et de sauver (il en était temps encore) la majeure partie de ses soldats, cet insensé lance ses dernières réserves sur le plateau de Mont-Saint-Jean. Elles tourbillonnent sur elles-mêmes, criblées de mitraille, sans pouvoir entamer les carrés anglais, lesquels, apercevant le renfort promis, opposent une plus opiniâtre résistance. Wellington encourage ses troupes : « Tenons ferme, mes enfants. Si nous abandonnons le champ de bataille, que dira-t-on de nous dans la Grande-Bretagne ? »

Lobau, Subervie, Domon et les bataillons de la jeune Garde envoyés pour contenir le corps prussien qui débouche maintenant des bois, plient sous le nombre et vont être débordés par l'infanterie de Bulow, à laquelle sont venus s'adjoindre quinze mille hommes de Pirch et la cavalerie du prince d'Orange.

Au sommet de l'angle de notre ligne de bataille, le général Durutte, non soutenu, abandonne en désordre la ferme de Papelotte. Le désespoir envahit l'âme de l'Empereur; il se précipite au galop de son cheval au-devant des fuyards, les adjurant de reprendre leur poste : « Grouchy est signalé, leur dit-il, Grouchy arrive ! Tenez encore quelques moments ! » Vive l'Empereur ! répondent les soldats; et ils reformaient leurs rangs, quand un sinistre ébranlement se produit dans la cavalerie de la garde et parmi les cuirassiers de Milhaud. Eux aussi reculent !

« Envoyez-moi de l'infanterie pour enfoncer les derniers carrés anglais ! » fait dire le maréchal Ney à l'Empereur.

« Envoyez-nous de l'infanterie, ou nous sommes écrasés ! mandent Lobau, Durutte et d'Erlon.

« De l'infanterie ? s'écrie Napoléon la rage au cœur !

Et où veulent-ils que j'en prenne? Veulent-ils que j'en fasse? »

Il est huit heures, une nouvelle canonnade se fait entendre à notre droite : C'est Grouchy! » crient nos soldats. « Voilà Blücher! » disent les Anglais. C'était Blücher.

Wellington a quitté son arbre. La figure rayonnante, l'œil en feu, au milieu de hourrahs enthousiastes, il parcourt les rangs anglais, jetant chez les siens l'ardeur dont il est animé : « En avant, *my boys*! La victoire est à nous! » Et faisant avancer son extrême droite, il la lance comme un torrent des hauteurs du plateau. Blücher, arrivé au hameau de la Haye-Sainte, en débusque les deux régiments qui le défendent et fait une trouée horrible au centre de nos troupes. Au même instant, la fusillade et le canon éclatent à moins de six cents mètres sur les derrières de l'armée française. Une immense clameur s'élève de nos rangs : « Sauve qui peut ! Nous sommes trahis ! » La déroute commence; la débandade est affreuse. A neuf heures du soir, alors que les ombres de la nuit commençaient à s'étendre sur le lugubre champ de bataille, un homme s'approcha de l'Empereur : « Frère, lui dit-il, l'air sombre, c'est ici que doit tomber tout ce qui porte le nom de Bonaparte... En avant ! »

Et tirant son épée, le roi Jérôme montra les bataillons anglais... Napoléon tourna bride, et poussant son cheval sur les corps des mourants et des morts, disparut comme un fantôme dans les ténèbres.

La cavalerie prussienne arrivait par files profondes, sabre en l'air, en criant : hourrah!

La Vieille-Garde, pour protéger la retraite de cet Empereur auquel elle croit encore, se forme alors en carré, Cambronne et Michel au centre, à la hauteur de la maison d'Ecosse. Les boulets ennemis enlèvent des files entières de ces braves. Les rangs se reforment. Les redoutables bonnets à poil, calmes comme

Waterloo. Napoléon aperçoit les colonnes de Blücher,

à la parade, barrent le passage. « Rendez-vous ! » criaient les Anglais. Alors, du milieu de l'héroïque carré, une voix s'élève, dominant le tumulte : « La Garde meurt et ne se rend pas ! » Une dernière et plus effroyable canonnade est dirigée contre les quatre angles de cette citadelle vivante, qui vomit du feu et de la mitraille. Cette fois les rangs s'écroulent de tous côtés... La Vieille-Garde était anéantie.

III

VIII. — La Révolution avait terminé son premier cycle. L'aurore à la fois sanglante et majestueuse qui ouvre le dix-neuvième siècle n'avait guère éclairé que le carnage épouvantable des multitudes.

O sublimes volontaires de l'an 1, sortis des sections parisiennes! Héros de Valmy, de Jemmapes et de Fleurus!... Peu d'entre vous ont pu arriver jusqu'au vallon de Ligny et au ravin de Mont-Saint-Jean! Tombés sur les coteaux de Sambre-et-Meuse, ou, comme Marceau, dans les défilés de la Forêt-Noire, vous avez été dévorés par les batailles avant d'avoir vu votre œuvre détournée par un despote. Sans Rousseau, Voltaire et les Encyclopédistes qui dominent le dix-huitième siècle et dont l'œuvre brille, indestructible, dans le ciel social, il ne resterait peut-être plus rien de la Révolution.

IX. — Analysons maintenons le dernier acte de la sinistre épopée impériale. Napoléon, en transportant tout d'abord les hostilités en Belgique, avait cru faire un coup de maître : « Wellington et Blücher, disait-il, peuvent être battus, dispersés, anéantis, avant que le reste des troupes alliées ait eu le temps de les rejoindre. Alors, Bruxelles se déclarera, les bords du Rhin reprendront les armes : l'Italie, la Pologne et la Saxe se soulèveront ; et ainsi, dès le commencement de la campagne, le premier coup, s'il est bien frappé, peut dissoudre la coalition ».

Je ne vois pas ce qui autorisait Napoléon à compter sur la Belgique et la Saxe. Avait-il oublié la défection des Saxons à Leipsick ? Oui, les nationalités se réveillaient ; mais ce réveil se faisait contre nous.

« S'il n'avait pas plu, a dit Napoléon, Wellington aurait été écrasé avant l'arrivée de Blücher. »

La chose n'est pas certaine. En outre, cette pluie qui retarda l'attaque des Français retarda aussi l'arrivée des Prussiens. S'il fait avait beau, certes Napoléon eût pu mettre son armée en mouvement dès cinq heures du matin ; mais alors, et par la même raison, Blücher aurait pu quitter Wavres plus tôt et apparaître à midi avec ses colonnes.

Cette arrivée de Blücher, que l'Empereur et, à sa suite, les Thiers et les Vaulabelle nous ont présentée comme tout à fait imprévue, était au contraire escomptée par l'ennemi ; elle entrait dans les calculs de Wellington, lorsqu'il s'adossa à la forêt de Soignes : « Que faire ? lui demandait-on, sous son arbre, au milieu d'une pluie de fer. — Attendre ! Attendre encore ! répondait-il. Je n'ai pas d'autres ordres à donner... Blücher ou la nuit. »

Cette arrivée aurait dû entrer dans les calculs de Napoléon. Il n'était pas sans avoir conscience que l'armée prussienne n'avait éprouvé qu'un simple échec, l'avant-veille, à Ligny ; qu'elle restait entière avec ses 90,000 hommes, commandés par un intrépide vieillard ; que Grouchy, avec trente-cinq mille soldats, n'était même pas en position d'en surveiller les mouvements, bien loin de pouvoir la contenir. Supposer qu'après Ligny, Blücher avait fui du côté de Liège et de Cologne, était une supposition gratuite et que rien n'autorisait. Quand vers trois heures de l'après-midi, au fort de la mêlée, nos braves grenadiers, apercevant du côté de Planchenoit des colonnes en mouvement, s'écrièrent : « Voilà Grouchy ! », Napoléon, j'en ai la conviction, savait fort bien que ce ne pouvait être Grouchy.

Il n'aurait pas dû livrer bataille à Wellington sans savoir, au préalable, de façon absolue, ce qu'était devenu Blücher. Or *il ne le savait pas*. Il s'étourdit lui-même sur les probabilités de succès de la journée qui s'ouvrait. Il alla quand même de l'avant. Que faire, d'ailleurs ? Impossible de reculer. Je le répète, si Napoléon n'avait pas été vaincu à Waterloo, il l'eût été ailleurs. Comment, avec une poignée de soldats, eût-il pu tenir tête à 600,000 ennemis ? L'année précédente, pendant la campagne de France, que de victoires n'avait-il pas remportées ? Victoires à Champaubert, Montmirail, Montereau, Craonne, Arcis-sur-Aube ! Il n'en avait pas moins succombé.

X. — Que de fois n'a-t-on pas dit, en levant les bras au ciel : « Ah ! si le corps d'armée du comte d'Erlon avait pu prendre part à la bataille de Ligny, au lieu de s'user en marches et en contre-marches ! Ce n'était plus une simple défaite qu'éprouvait Blücher, c'était un désastre épouvantable. Il ne lui était plus possible d'arriver à Waterloo. »

Soit, acceptons l'hypothèse : le 16 juin, à Ligny, le comte d'Erlon survient sur les derrières de l'armée prussienne, laquelle est exterminée. Qu'arrive-t-il alors ? C'est facile à deviner : il arrive que Wellington, apprenant la déroute de Blücher, se garde de s'arrêter sur le plateau de Mont-Saint-Jean et d'y attendre l'armée française victorieuse. Il franchit la forêt de Soignes et se replie au delà de Bruxelles, où Napoléon ne peut le suivre.

Et pourquoi Napoléon ne peut-il l'y suivre ? Parce que la Champagne est menacée, et que ce serait folie à l'Empereur de s'enfoncer dans le Nord de la Belgique quand les armées alliées sont à quelques journées de marche de Paris.

Napoléon, après sa victoire sur Blücher, doit donc renoncer à Wellington. Mais alors rien n'est fait, son plan de campagne avorte. Il n'a pas détruit ses deux adversaires, ainsi qu'il se le proposait, il n'en a détruit qu'un. Wellington, non inquiété, ne tarde pas à reparaître sur la frontière.

Remarquons que Napoléon ne pouvait avoir de rencontre avec Wellington *qu'autant que ce dernier le voudrait bien !* Si le général anglais attendit son adversaire, le 18 juin, c'est d'abord qu'il avait étudié et choisi son terrain ; ensuite qu'il était assuré du concours de Blücher. Dès lors, disposant de deux armées contre une, il était bien difficile que Wellington fût battu. Je trouve même que Blücher et Wellington y ont mis de la bonne volonté ! Où était la nécessité pour eux de se mesurer avec leur redoutable adversaire ? Ils n'avaient qu'à lui céder le terrain à mesure qu'il avançait, à battre en retraite devant lui, pour l'user et le perdre. Mais ayant deux cent vingt mille hommes contre cent vingt mille, ils ont cru, — et l'événement leur a donné raison, — pouvoir essayer d'une lutte. Que risquaient-ils ? Une bataille perdue par eux n'avait pas grande signification pour leur adversaire ; une bataille gagnée, cet adversaire était perdu.

XI. — « Il aurait fui, s'il l'avait pu ! » a dit Napoléon, en parlant de Wellington. C'est là une insulte imméritée à un adversaire courageux et tenace. Eh ! *grand* Empereur, on peut toujours fuir. Vous en avez donné vous-même la preuve à Waterloo. Je sais bien que vous avez essayé de couvrir votre honte en alléguant que « *vous aviez suivi le torrent* ». Mais tout individu qui fuit *suit* le torrent. Les véritables braves se font tuer en essayant de lui barrer passage. En tout cas, lorsque la mort ne veut pas de vous, il est toujours possible d'en finir avec une épée ou un pistolet. Et après avoir occupé le premier trône du monde, on ne s'expose pas à se faire mettre de nouveau la main au collet, comme un repris de justice en rupture de ban.

Le prince Jérôme, qui, au pont de Charleroi, trois jours auparavant, avec Pajol et Rogniat, avait tenu tête au milieu des balles à toute une armée, avait le sentiment et du devoir et de l'honneur, lorsqu'à neuf heures du soir, à Waterloo, il proposa à son frère de mourir tous deux en chargeant l'épée en main les carrés ennemis.

Oui, — et je défie qu'on réfute la conclusion de cette impartiale analyse, — si Napoléon avait été un homme de cœur, il n'aurait pas quitté vivant le champ de bataille de Waterloo. Qu'avait-il à faire en France, que pouvait-il espérer, après un désastre pareil ? On ne le voit pas. Quand on a rompu son ban pour jouer une partie suprême et qu'on l'a perdue, il faut payer. Bonaparte fit banqueroute à l'honneur.

On sait que les derniers mots prononcés par lui à son lit de mort furent : « TÊTE... ARMÉE. » On s'est souvent demandé à quelle pensée ils se rapportaient. Je crois l'avoir devinée, cette pensée. La voici :

« J'aurais dû tomber à la TÊTE DE L'ARMÉE ! »

IV

XII. — Le 21 juin 1815, Bonaparte, fuyant devant Blücher et Wellington, est de retour à l'Elysée. Le 22, la Chambre des pairs et la Chambre des députés, menacées d'un nouveau Dix-Huit Brumaire, se déclarent en permanence, et proclament traître à la patrie quiconque voudra les suspendre ou les dissoudre. Bonaparte abdique et se retire à la Malmaison. Les alliés exaspérés sont en vue de Paris. Croit-on que Blücher étant déjà à Saint-Denis, l'homme de Waterloo eut l'audace de se mettre encore en avant et de demander au gouvernement provisoire de lui confier le commandement des troupes « certain, disait-il, d'exterminer l'ennemi ». Il se démettrait aussitôt la France sauvée !...

Le maréchal-ministre de la guerre, Davout, et les membres du cabinet, à l'ouïe de cette proposition insensée, ne purent contenir leur indignation : « Est-ce qu'il se moque de nous ? » dit le ministre de la police, Fouché. Et comprenant combien un pareil homme pouvait être dangereux en de tels moments, le gouvernement dépêcha en toute hâte le général Becker à la Malmaison avec ordre d'en faire partir sur l'heure l'ex-empereur : « Dites-lui bien, Becker, s'écria Davout hors de lui, dites-lui que s'il ne s'éloigne pas immédiatement, je vais l'arrêter moi-même ! »

Louis XVIII approche. Il faut vider la place. Où peut aller le vaincu de Waterloo ? Vers le Nord ? C'est s'exposer à tomber entre les mains de Blücher qui le fusillerait sans merci. Vers l'Est ? Six cent mille Russes et Autrichiens passent le Rhin. Dans le Midi ? Il serait écharpé avant d'arriver à Marseille. A la fin d'avril 1814, traversant en prisonnier la France pour se rendre à l'île d'Elbe, n'avait-il pas failli être jeté dans le Rhône, à Avignon? Ne sait-on pas (ô honte!) qu'à Orgon, pour ne pas être reconnu et mis en pièces par les paysans furieux, lui, le vainqueur d'Iéna, osa endosser un uniforme prussien! La foule l'acclama! « Vivent les alliés! Vive Blücher! » cria-t-on. Le comte Schouvaloff, qui se trouvait à côté de lui dans la voiture, le poussa du coude : « Saluez donc! » Bonaparte salua.

XIII. — Il ne reste au *mangeur d'hommes*, traqué comme une bête fauve, que la route de l'Ouest. De Rochefort, il comptait pouvoir s'embarquer pour l'Amérique. Mais une croisière anglaise barre le passage. Tout navire sortant du port est arrêté et visité. Bonaparte voyant toute évasion impossible, d'ailleurs pressé par le gouvernement provisoire de quitter le territoire français s'il ne veut tomber entre les mains de Louis XVIII, paie d'audace : il se présente à bord du croiseur anglais le *Bellérophon* et adresse la lettre suivante au prince régent d'Angleterre :

« Altesse royale, en butte aux factions qui divisent mon pays et à l'inimitié des plus grandes puissances de l'Europe, j'ai consommé ma carrière politique. Je viens comme Thémistocle m'asseoir au foyer du peuple britannique. Je me mets sous la protection de ses lois, que je réclame de Votre Altesse royale, comme celle du plus puissant, du plus constant et du plus généreux de mes ennemis. »

Je ne vois pas ce qui pouvait autoriser Bonaparte, déporté une première fois, à compter sur la générosité de l'Angleterre. Je ne me le figure guère se promenant dans la Cité, ou flânant sur les quais de la Tamise, en saluant amicalement au passage le duc de Wellington. Il était déjà revenu de l'île d'Elbe. A la première complication politique à Paris, ce Corse aurait quitté furtivement Londres et se serait jeté sur les côtes de

Normandie, pour faire, cette fois, le *bonheur* des Français...

Non; pris ainsi *flagrante bello*, Bonaparte devait s'attendre aux dernières mesures de rigueur. Et en effet, on répliqua à l'évadé de Porto-Ferrajo en l'expédiant au fond de l'Atlantique, à Sainte-Hélène, sous bonne garde, cette fois. L'ex-potentat trouva le procédé peu de son goût. Il protesta, comme on se l'imagine. Il soutint qu'il était venu *librement* à bord du *Bellérophon*. » Il en appela à l'Histoire.

L'Histoire a des protestations plus intéressantes à recueillir que celles d'un aventurier déconfit.

XIV. — Le 26 juillet, Bonaparte arrivait en rade de Plymouth. Il fut transféré aussitôt du *Bellérophon* sur le *Northumberland*. Au moment de passer d'un vaisseau à l'autre, l'amiral Keith lui adressa ces paroles : « Général, j'ai une douloureuse mission à remplir; l'Angleterre m'ordonne de vous demander votre épée. »

« A ces mots, dit M. Thiers, dans son *Histoire de l'Empire*, Napoléon répondit par un regard qui indiquait à quelles extrémités il faudrait descendre pour le désarmer. Lord Keith n'insista pas, et Napoléon conserva sa glorieuse épée. »

M. Thiers nous la baille belle ! Il a donc oublié, bien que lui-même ait relaté le fait, que l'année précédente, près d'Arles, à Orgon, le même Bonaparte, pour donner le change à une population furieuse, n'avait pas hésité à endosser l'uniforme prussien ? Que devint ce jour-là cette fierté que M. Thiers a l'air d'admirer aujourd'hui ? Que faisait de sa dignité l'ex-empereur? Ne devait-il pas se faire sauter la cervelle plutôt que de descendre à tant d'ignominie ? Lequel est le plus dégradant de rendre son épée à un loyal officier, ou de s'affubler, pour prolonger une misérable vie, de la casaque d'un ennemi ?

XV. — Le 8 août 1815, le *Northumberland* mettait à la voile pour Sainte-Hélène. A la hauteur du cap de la Hogue, Bonaparte, sombre, se tenait debout, immobile sur le pont du navire, cherchant à apercevoir dans le lointain, pour la dernière fois, quelque chose de la patrie perdue. La brume qui s'étendait sur l'Océan s'étant dissipée tout à coup, les côtes de la Normandie apparurent, avec leurs blanches falaises taillées à pic et leurs vertes collines enveloppées de soleil : « Adieu ! France, terre des braves ! s'écria le proscrit en proie à une profonde émotion. Quelques traîtres de moins et tu serais encore la grande nation, la maîtresse du monde ! »

Des traîtres ! Le seul traître, le premier ennemi de Bonaparte, ce fut l'Empereur Napoléon. Vit-on en effet fidélité plus touchante que celle de son armée ? Jamais soldats français ne se sont montrés plus héroïques. Respectant en ce despote leur général, ils sont morts pour lui à Waterloo, alors que lui-même n'a pas su mourir avec eux.

Sainte-Hélène

V

XVI. — Napoléon Ier, même à l'apogée de sa gloire, n'avait jamais été bien solide. Malgré son Concordat, sa noblesse et sa Légion d'honneur, il était isolé entre les deux grands courants qui entraînaient l'Europe. Il n'était ni avec le peuple, ni avec l'aristocratie. Mallet, à lui seul, faillit briser ce colosse.

Ce général avait été emprisonné pour ses opinions républicaines. Il voulut profiter de l'éloignement de Napoléon, occupé en Russie, pour le renverser. Le 24 octobre 1812, au matin, il s'échappa de sa prison. Il entraîna à sa suite quelques soldats en leur annonçant la mort de l'Empereur. Il s'était déjà emparé du Trésor public, de l'Hôtel de Ville, et avait même fait prisonniers le ministre Savary et le préfet de police Pasquier, lorsqu'il fut arrêté, par surprise, à l'état-major de la place. Traduit immédiatement devant un Conseil de guerre, il fut condamné à mort et exécuté cinq jours après. Le président du tribunal lui ayant demandé s'il avait des complices : « Oui, lui répondit-il, l'Europe et vous-même, si j'avais réussi. » Napoléon fut effrayé de cet audacieux coup de main qui montrait que l'édifice de l'Empire reposait sur lui seul. « Un homme est-il donc tout ici, s'écria-t-il ; les institutions, les serments, rien? »

XVII. — Bonaparte a accusé l'hiver en 1812, la pluie en 1815. En le suivant, on compterait jusqu'à *douze fatalités*. La Fortune, quelque capricieuse qu'on la suppose, ne l'est jamais à ce point. Quand les désastres se répètent, c'est qu'il y a chez les ordonnateurs un vice caché. Il faut les rapporter à une situation politique inextricable, et devant laquelle le génie même doit échouer. En admettant que l'orage du 17 juin 1815 ait été pour quelque chose dans la défaite du lendemain, pourquoi s'être placé dans une situation telle, que le moindre accident physique devenait le plus redoutable des périls? Dans ses bavardages de Sainte-Hélène, Napoléon a maudit Grouchy, d'Erlon, Ney et Wellington lui-même. Ce dernier aurait dû prendre la fuite pour avoir sa haute approbation. « Fatalité! Fatalité! » Tel le célèbre joueur Garcia, ayant gaspillé trois millions gagnés aux banques des bords du Rhin, et venant à perdre ses derniers écus, parlait de déveine et fulminait contre le destin!

La guerre était l'unique moyen de domination du premier Bonaparte. Un gouvernement qui dépend d'une campagne n'est pas un gouvernement fort. En marchant à la conquête de l'Europe, Napoléon tentait une entreprise impossible. Si la tête n'avait tourné au Premier Consul; si au lieu de parader au despote et de courir les champs de bataille du continent, il s'était franchement appuyé sur la démocratie dont il était sorti, il avait la gloire de fonder les Etats-Unis d'Europe et devenait la plus grande figure des temps modernes.

VI

XVIII. — Le 5 mai 1821, Bonaparte s'éteignait à Sainte-Hélène, d'une maladie d'estomac que l'isolement et la haine concentrée avaient rendue rapidement mortelle.

L'homme disparu, on put forger à l'aise, pour les besoins de la polémique, la légende napoléonienne. Bonaparte ne fut plus que le vainqueur de Marengo et d'Austerlitz. La Bérésina, Lepsick, tout fut oublié. A

Waterloo, il avait été trahi. Le maréchal Grouchy eut beau prouver qu'il lui avait été matériellement impossible d'arriver à temps sur le champ de bataille, son nom resta voué à l'exécration générale.

De cette époque, date la longue confusion des souvenirs napoléoniens et des idées libérales. Par le fait de toute une équipe d'écrivains de parti et de polémistes, l'histoire fut faussée. Des poètes, des Béranger, des Barthélemy, des Casimir Delavigne surgirent. Le châtiment mérité de Bonaparte se confond avec les malheurs immérités de la patrie. On sanglote sur Sainte-Hélène. On maudit Albion et Hudson-Lowe, qu'on qualifie de bourreau de la Sainte-Alliance.

Charles X et les Jésuites refont une popularité au fuyard de Waterloo.

Le pays ne vit dans ses propres malheurs qu'une communauté d'infortune avec Napoléon, et dans l'homme qui avait attiré l'ennemi, que le dernier défenseur du sol français.

La légende, c'est-à-dire un système de faits que tout le monde reçoit sans consentir à les examiner, prévalut sur les documents les plus éclatants. Il y eut un parti pris, dans les classes éclairées, d'arranger les événements de 1815 en dépit des dates et de la topographie. Avec plus de connaissances que la foule, il y a chez ces classes le même entêtement, le même dédain de la logique.

XIX. — Les mensonges de Sainte-Hélène ont fait leur chemin. Ils ont égaré le bon sens national et pesé d'un funeste poids sur toute la politique du dix-neuvième siècle. Nos historiens et nos poètes, et la France avec eux, oubliant que l'homme déchu n'avait eu en vue que son égoïsme et son ambition ; que son passage au pouvoir avait amené par deux fois l'invasion et la ruine, ont vu un martyr là où il n'y avait qu'un forban justement frappé. Et la légende est tenace ! Et malgré le remarquable travail du colonel Charras sur 1815, elle infecte encore les meilleurs esprits. Je lisais le 19 mars 1891, dans un journal républicain de Paris, les lignes suivantes :

« Jusqu'à Sedan, le nom de Napoléon avait signifié quelque chose. Si le pierreux était, comme le voulait le général Wimpffen, tombé l'épée en main, peut-être le vocable aurait conservé quelque prestige; mais depuis 1870, le Napoléon est au-dessous de l'idée nationale, car si *le vaincu de Waterloo fut glorieux*, celui de Sedan fut immonde ! »

On tombe de son haut en voyant un démocrate émettre de pareilles hérésies. Faut-il s'étonner que les masses soient accessibles aux mensonges, quand des écrivains de valeur les acceptent ainsi sans contrôle?

Le glorieux vaincu de Waterlòo! Et en quoi, s'il vous plaît, Bonaparte fut-il si *glorieux* dans cette journée? On n'a pas appris que, comme Ney, descendant de cheval, il ait chargé à la tête de ses grenadiers. Il ne reçut pas une égratignure; et nous l'avons vu tourner le dos à son frère Jérôme, lorsque celui-ci lui proposa de s'élancer avec lui au milieu du feu, et de terminer l'épopée impériale par une mort glorieuse.

Victor Hugo, pour les besoins de sa polémique, oppose constamment Napoléon Ier à Napoléon III et l'oncle au neveu. Comme si l'un valait mieux que l'autre !

Dans son *Année terrible*, le même poète fait dire à Napoléon III capitulant à Sedan :

« JE VEUX VIVRE ! »

Mais Napoléon Ier voulut vivre aussi, le soir de Waterloo. Jamais général en déroute ne s'accrocha plus misérablement à l'existence. S'il ne rendit pas son épée à Wellington, comme Napoléon III, son neveu, la rendra un demi siècle plus tard à Guillaume, ce fut grâce à la vaillance de ses grenadiers et à la vitesse de son cheval. La Garde meurt, mais l'Empereur se sauve. L'erreur générale a été de confondre les soldats de Waterloo avec leur chef. Les premiers furent sublimes ; le second fut indigne. Cette erreur, habilement exploitée par les bonapartistes, refit un prestige au nom de Napoléon. Le fils de la reine Hortense bénéficia en 1848 de la crédulité générale... Et après Waterloo, nous aurons Sedan.

Ainsi se forment les légendes ! Ainsi sont châtiés les peuples qui les acceptent ! Le châtiment a été rude, l'expiation démesurée. La noble nation qui avait proclamé les Droits de l'homme et versé le sang de ses enfants pour l'affranchissement de la vieille Europe, méritait mieux que des Bonapartes. La Nature est trop souvent une marâtre ; et, sur notre planète, les vertus civiques et le dévouement n'ont pas toujours leur récompense. Enfin ces temps sinistres ont disparu. La légende s'écroulera à son tour. Depuis la défaite des hommes de Mai, la France est rentrée en possession d'elle-même. Des générations nouvelles apparaissent sur lesquelles le mensonge n'aura plus prise. J'aperçois, dans les grands corps de l'Etat, au Conseil municipal de Paris et dans la presse démocratique, d'intrépides défenseurs du Droit et du Progrès. Avec la République, la France, forte et respectée, a repris son rang parmi les nations ; avec la République elle relèvera le Travail, et poursuivant le cours de ses glorieuses destinées, préparera l'avènement de la Justice et de la Fraternité !

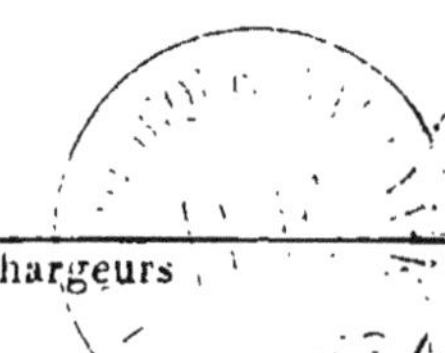

Paris. — Imp. Wattier et Cie, 4, rue des Déchargeurs

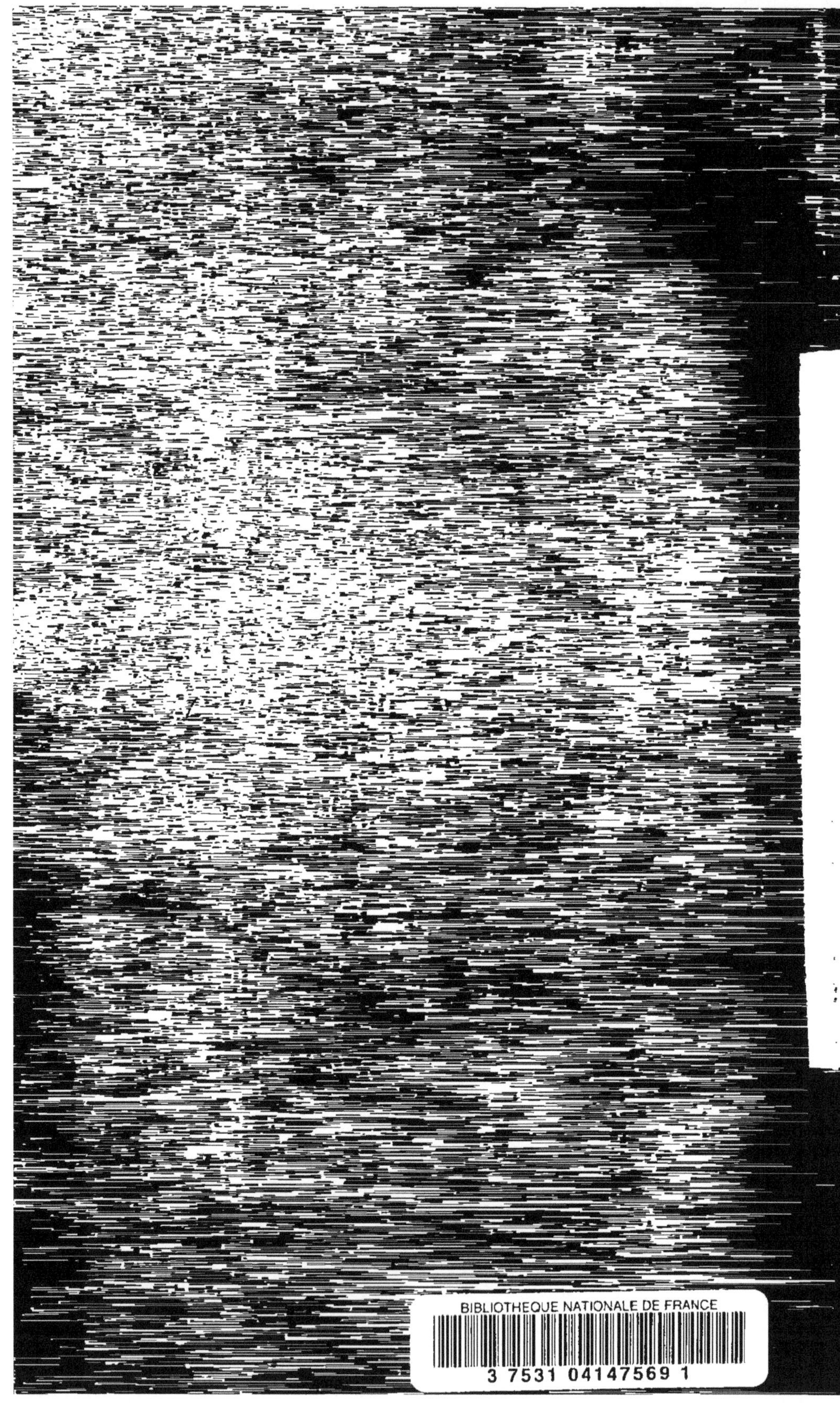

BIBLIOTHEQUE NATIONALE DE FRANCE
3 7531 04147569 1

www.ingramcontent.com/pod-product-compliance
Ingram Content Group UK Ltd.
Pitfield, Milton Keynes, MK11 3LW, UK
UKHW020357250726
13967UKWH00005B/2330